ALEGRÍA

Jardines del corazón
ALEGRÍA

ELIZABETH CLARE PROPHET

SUMMIT UNIVERSITY ✺ PRESS®
GARDINER, MONTANA

ALEGRÍA
Título original:
JOY
Elizabeth Clare Prophet
Copyright ©2012 Summit Publications, Inc.
Reservados todos los derechos

Traducción al español: Judith Mestre
Copyright ©2012 Summit Publications, Inc.
Todos los derechos reservados

Para obtener información, diríjase a Summit University Press,
63 Summit Way, Gardiner, MT 59030 (EE.UU.)
Tel: 1-800-245-5445 o 406-848-9500
Website: www.SummitUniversityPress.com

Library of Congress Control Number 2012938105
ISBN: 978-1-60988-101-6
ISBN: 978-1-60988-125-2 (eBook)

SUMMIT UNIVERSITY ♨ PRESS®
Summit University Press y ♨ son marcas inscritas en el Registro de patentes y marcas de los EE.UU. y de otros países. Reservados todos los derechos.

Diseño de portada y de interior: James Bennett Design

1ª edición: junio 2012

Impreso en los Estados Unidos de América
16 15 14 13 12   5 4 3 2 1

ÍNDICE

A las puertas del jardín

Todo el mundo anhela alcanzar una alegría profunda y duradera. No obstante, si miras a tu alrededor, verás a algunas personas emanar alegría y a otras exhibir caras largas; y aun hay quien se divierte y ríe pero parece que le falta verdadera alegría.

La clave para obtenerla es simple. Sólo existe una fuente de donde mana la alegría verdadera, y está dentro de ti. La verdadera alegría proviene de conocer tu realidad interna. Al ser cada vez más quien eres de verdad, dejas de depender de circunstancias externas para conseguir felicidad y contento. Llegas a conocer una profunda alegría que no puede tambalear.

La verdadera alegría es diferente de la felicidad. Así como la felicidad a menudo depende de circunstancias externas, la alegría es un estado de sosiego interno, una sensación interior de bienestar.

Tus pensamientos y sentimientos afectan a cada célula de tu cuerpo. Cuando estás lleno de alegría, el efecto en tus células puede producir un enérgico cambio capaz, en algunos casos, de devolver la salud a las que están enfermas.

Si deseas mantener la alegría interior al encarar adversidades, evita identificarte con una sensación de lucha. Cuando tienes alegría interna, aceptas más fácilmente las cosas como son. Ves las dificultades como oportunidades para crecer, para aprender y para buscar dentro de ti soluciones creativas. En lugar de reaccionar a lo que otros dicen o hacen, te concentras en lo bueno y dejas ir lo demás. Hacerlo requiere control de uno mismo y genera, a la vez, maestría sobre uno mismo. Con el tiempo, aprendes a confiar en que concentrarse en lo bueno permite que ese bien te conduzca hacia la resolución y hacia una alegría mayor.

Para experimentar el milagro de la alegría, permítete entusiasmarte por lo bueno y lo bello que veas. Cuando tienes alegría interna, esta se propaga espontáneamente por los que están a tu alrededor. En cuanto la compartas con los demás, tu alegría se acrecentará aún más.

EL ENREJADO

La alegría es un estado de quietud interna

que te ancla y centra

en la gran red de la vida.

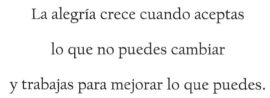

La alegría crece cuando aceptas

lo que no puedes cambiar

y trabajas para mejorar lo que puedes.

Dentro de tu corazón

está la fuente

de alegría, ecuanimidad y dicha.

Puedes explotarla en cualquier momento,

independientemente

de las circunstancias externas.

Deja que una fuente de alegría
fluya por dentro y a través de ti,
y remplace el depender de otros
por felicidad y contento.

La alegría en el corazón

enciende el fuego de la creatividad

y da pie

a encontrar soluciones creativas

para las dificultades de la vida.

La alegría es el motor de la vida

y la base de la curación.

Hace falta alegría

para dejar ir totalmente

tus preocupaciones y tus pesares.

Hace falta alegría para desear vivir,

para querer vivir.

La alegría surge de estar conectado

a tu realidad interna.

Al margen de a qué tarea o actividad

estés dedicado,

puedes vivir en un estado de alegría.

¡Que tu alegría sea perpetua!

Tú eres alegría.

Tú eres belleza.

Tú eres integridad.

No te pueden quitar nada

de lo que hay dentro de ti.

Cultiva la alegría

en cada ámbito de tu vida.

Cuenta tus alegrías

como contarías tus bendiciones.

El potencial de la alegría

está en todas partes.

La alegría surge

de vivir en armonía

con la naturaleza.

Cualquier tarea puede ser

una alegre expresión de quien eres.

Puedes afirmar tu yo real

en cualquier cosa que hagas.

La alegría de hacer cualquier cosa

es hacerla

lo mejor que puedas.

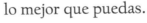

Si alguna vez has visto

a un niño de dos años dar palmadas

por haber hecho

algo nuevo y maravilloso,

has visto la alegría

que proviene de sentir

que se ha logrado algo.

Descubre la alegría

que puedes sentir tú también

cuando te esfuerzas por dar lo mejor de ti.

La alegría es movimiento y vida.

La alegría consiste en atender

las necesidades de tu cuerpo.

La alegría es la clave para tu curación.

Tienes que traer alegría a tu vida,

a tus plantas y a tus peces de colores.

Tienes que proveer alegría.

Así, cuando la gente te vea venir, dirá:

«Vaya, acaba de salir el sol.

El sol ha venido a mi habitación».

Y será verdad

porque la alegría es el sol de tu corazón.

La alegría es el champán divino

que burbujea sobre los corazones

hasta que el alma se ríe por dentro

de todas las circunstancias externas.

La alegría es el burbujeo

dentro de tu conciencia

que disipa la oscuridad,

la duda y el miedo,

y te guía hacia

tu realidad interna.

Puede verse la alegría

en una sonrisa

y oírse en una voz;

esa alegría es contagiosa.

Conviértete en una

manifestación invencible de alegría

a la que nada pueda afectar

o desviar.

Enciende una vela de alegría

por la vida.

PÁJAROS
CANTORES

La alegría no tiene precio

porque viene directamente

del corazón.

Si deseas aumentar tu alegría,

visualiza una cascada

de luz iridiscente

bañando y regenerando

tu ser y tu vida,

fluyendo a través de ti en todo momento.

Acepta la alegría que trae consigo.

Recuerda la alegría que sientes

al ver las estrellas por la noche,

al oler una rosa,

al caminar por la naturaleza.

Tu alegría es un reflejo

de lo que hay dentro de ti.

Algunas personas se divierten

sin tener una alegría verdadera.

La alegría interna surge

cuando sabes que estás realizando

tu razón de ser.

Hazte con la alegría

que te corresponde.

Observa cómo cada dificultad

te conduce, poco a poco,

a un nivel más elevado de tu ser.

Utiliza las dificultades

como oportunidades

para cultivar la alegría.

Afronta cada una con alegría.

La alegría es una energía de entusiasmo,

de esperar que sucedan cosas buenas

en tu vida.

Las expectativas alegres

mantienen vivas tus metas

y te mantienen a ti comprometido.

La alegría te da energía para vivir.

Si a tu vida le falta alegría,

pregúntate si hay alguien

a quien tengas que perdonar

o pedir que te perdone.

Estar en paz contigo mismo

y con los demás

mantiene abierta la fuente de alegría.

El miedo, la duda y la ansiedad

inquietan a tu ser

y obstruyen la abundancia y la alegría.

Recupera la paz interior

aquietando las agitadas aguas

de tu ser

y podrás ver

el reflejo del bien y la alegría

que te aguardan.

Si vives una pérdida,

permítete sentir pena

antes de dar un leve paso adelante.

Cuando la alegría abandona tu corazón

y tu mente, busca dentro.

Reconéctate con tu realidad interna.

En la noche más oscura,

la alegría puede llegar como señal

de profunda resolución, equilibrio y paz.

Aprende a compartir semillas de verdad

con sensibilidad y esperanza.

Comparte ofreciendo

una explosión de conciencia.

Di palabras que lleven

alegría y consuelo

a los demás.

Las cosas pequeñas dan alegría:

un gesto amable, una sonrisa,

un ramito de flores

entregado por un niño

con rostro luminoso.

Son las cosas tiernas y sencillas

las que dan alegría profunda y duradera.

La alegría es como helio

en un globo gigante

que te lleva por el aire:

si tu alegría empieza a desinflarse,

tienes que soltar lastre.

Deja que el sol

te quite la duda, el miedo

y la preocupación.

Toma el sol.

Siente sus rayos curativos

bañando y renovando

tu cuerpo, tu mente y tu ser.

Permite que el sol restablezca en ti

sentimientos de alegría infantil.

Cuando sientas

una explosión espontánea de alegría

al ver el brillo en los ojos de alguien,

o al oír un comentario agradable,

reivindícala.

Adéntrate en el sentimiento

hasta que vibres literalmente de alegría.

Acciona la bomba

hasta que fluya el agua de la alegría.

La gente busca respuestas

a los desafíos de la vida;

pero lo que todos queremos

es encontrar alegría y mantenerla.

Conservar la alegría interna

requiere trabajar en nosotros,

en nuestra interacción con los demás,

en nuestra respuesta a lo que

alguien diga o haga.

Mantén alegres tus pensamientos.

Abandona el chismorreo, la crítica

y el juicio.

Ver lo mejor de otros y respaldarlo

es un modo de reforzar

lo mejor de uno mismo.

Recibe a todo el que te encuentres

con alegría en tu corazón.

Una de las mayores alegrías de la vida

es descubrir

quién eres de verdad.

Cuando la alegría

brote en tu mente,

profundiza en el sentimiento.

Abre tu conciencia

y deja que entre la luz de la alegría.

La alegría no tiene precio.

Viene al aceptar la vida

tal cual es en un momento dado.

La alegría surge

de valorar la vida.

FLOR DE NUBE

Tu alegría, amor y risa

envían ángeles en busca

de toda discordia

para remplazarla

por un acorde de armonía.

La alegría crece junto al amor.

Cuanta más alegría tengas,

tanto más amor podrás dar y recibir.

Cultiva la alegría

hasta que tu corazón se torne

un campo de amor.

La alegría crece en una atmósfera de armonía.

La alegría engendra un sentimiento de relajación,

una despreocupación que libera de las cargas

y abraza una sensación de libertad

que abre la puerta

a su resolución.

La alegría suaviza tu energía

fomentando una relajación

de la tensión y la preocupación.

Ello te libera para que sientas

más alegría, más vida, más amor.

La alegría

es la risa de los ángeles.

Si tu corazón está lleno

de alegría y amor,

pasas más fácilmente por alto

las faltas de otros.

Como los nutritivos rayos del Sol,

tu alegría puede nutrir

a quien esté cerca de ti.

A medida que vas adquiriendo sabiduría

y trasciendes tu anterior yo,

la naturaleza de tu alegría

se hace asimismo más plena

y más trascendente.

Cuando estás en sintonía

con tu razón de ser,

te vuelves más eficaz,

espontáneo y entusiasta.

Rebosas alegría

y la transmites a los demás.

Puedes reconocer la intuición,

la inspiración y las corazonadas

por la alegría que sientes

cuando te llegan.

La alegría es señal de que

tu yo superior te está hablando.

Conserva la alegría

mientras avanzas

con las corrientes de la vida.

Cuando tienes verdadera alegría,

cada sistema de tu cuerpo

y todos tus órganos internos

se llenan de alegría.

Te sientes optimista y seguro,

e irradias un brillo interno.

El recuerdo de sentir alegría

puede darte un nuevo impulso

y la capacidad de afrontar

las dificultades del presente.

Mantén el corazón lleno de alegría.

La alegría te ayuda a curar enfermedades,

depresión y muchos otros problemas.

El efecto positivo de la alegría

contribuye a la curación.

Muéstrate totalmente abierto

a la posibilidad de obtener

un milagro de alegría.

La alegría tiene el poder de afectar

a todas las células de tu cuerpo.

Deja que tu mente se vuelva

verdadera y profundamente alegre.

A veces, una enfermedad grave

libera a una persona de la lucha.

Sin nada que perder,

decide dedicar sus días

a actividades que le aporten alegría.

En algunos casos, al recuperar

la sensación de una vida plena,

puede sobrevenir la curación.

Ese es el milagro de la alegría.

Cuando estás alegre,

estás en sintonía con la vida.

Vivir el momento

puede estimular tu alegría de vivir.

Concéntrate en lo que tienes ahora:

un día glorioso, el Sol que brilla,

un amigo de verdad, algo bello.

Vive la vida

con la expectativa

de tener alegría.

¡Toma partido por la alegría!

Búscala

en cada acontecimiento.

Mantén tu depósito de alegría tan lleno

que donde no la veas

puedas llenar la copa vacía.

Anhela con alegría

las sorpresas que la vida guarda.

Confía en que el futuro

te dará alegrías y deleites.

LA CASCADA

Feliz es el hombre

que posee un espíritu de alegría perpetua,

pues su espíritu

es como el Sol que brilla en el cenit.

Cuando experimentas alegría o dicha,

viene de los ciclos de tu conciencia

al formar, una y otra vez,

patrones de alegría

que te devuelven siempre más de ella.

La alegría acompaña

a quienes viven en armonía

con su verdad interna.

La energía de la alegría es intensa,

como el baile de una llama,

y te mantiene en equilibrio.

Para que el milagro de la alegría

funcione totalmente en ti,

aprende a aumentar los sentimientos de alegría.

Cuando tu alma se emocione

al ver los primeros rayos del Sol al amanecer,

rosados y luego dorados,

adéntrate en ese sentimiento.

Permítete sentir un alegre entusiasmo

por las cosas buenas que veas.

Deja que los sentimientos de alegría

se extiendan por tu cuerpo formando ondas.

Al hacerlo una y otra vez,

acostumbras a tus vías nerviosas

al sentimiento de la alegría.

Permite que la alegría mane

por tu cuerpo, mente y emociones.

Deja que la alegría te quite

los escombros de dudas, miedo y preocupación.

Cuando abrazas la alegría,

las células de tu cuerpo

giran positivamente.

Haz una lista de cosas

que te dan alegría.

Afírmalas a menudo.

Busca maneras de regresar

a ese lugar de alegría.

La alegría no es un sentimiento permanente

de felicidad que dure todo el día.

Es un estado interno,

un sentimiento estable de paz y contento

sostenido por la presencia

de lo Divino dentro de ti.

¿Tienes la alegría constante, sana,

que surge de saber que una chispa

de lo Divino vive dentro de ti

y te ama por ser quien eres?

Reflexiona en ello. Acéptalo.

Vive en estado de alegría.

Aférrate a tu alegría.

Nunca te condenes

por un error:

es como hacer un agujero

en una botella de agua.

Más bien toma medidas

para corregir el error

y sigue adelante.

Si negras nubes amenazan tu alegría,

esfuérzate mucho por conservarla.

Concéntrate en simples alegrías

y en la satisfacción que da

la sabiduría adquirida

y las lecciones aprendidas.

Los sentimientos negativos

suelen ser ángulos distintos

de un asunto importante

con el que te tropiezas una y otra vez.

Resolver ese asunto

libera tu potencial no explotado

y alegría en abundancia.

Una madre que da a luz

sabe que un gran dolor

a menudo precede a una gran alegría.

Asimismo, el sufrimiento y las dificultades

nos proporcionan una manera

de medir nuestras alegrías.

Las tribulaciones de la vida

hacen más dulces las alegrías que hay en ella.

No te preocupes por la causa

de tu situación actual.

Preocúpate de si respondes a ella

con total alegría, total amor

y total capacidad.

Cuando imbuyes de alegría todo lo que haces,

el camino se vuelve más simple.

Decide que la alegría

será el poder motivador

de tu vida.

Cualquiera que sea tu situación,

la alegría de vivir

puede estar presente en tu semblante

y en tu corazón.

Busca la chispa de la alegría dentro de ti.

Protege y enciende esa chispa

hasta que brote la alegría.

Mantener la alegría estable

requiere maestría sobre uno mismo.

Ahora es el momento oportuno para la alegría.

No esperes a que vaya en busca de ti:

haz que sea una realidad en tu vida.

Cuando vivas previendo

acontecimientos alegres,

tu corazón permanecerá abierto

para que entre en él la alegría.

Reclama la inocencia,

el sentido interno* que tenías de niño,

cuando te despertabas con

alegría en el corazón y decías:

«¡Puedo hacer lo que sea!».

¡Reclama hoy ese estado de alegría!

---

* En inglés, se hace un juego de palabras entre
innocence (inocencia) e *inner sense* (sentido interno)
por su semejanza fonética. [N. de la T.]

Que tu niño interno,

con toda su alegría y admiración,

te tome de la mano y te guíe.

CHISPAS
DE LUZ SOLAR

La alegría es el resplandor del Sol

sobre las chispeantes aguas,

brillando con todos los colores

del arco iris.

Esos momentos tan espléndidos

traen flujo y regeneración.

Estar lleno de vida a cualquier edad,

dar todo tu amor

y compartir toda tu alegría:

así es como te aferras a la vida,

al amor y a la alegría.

Cuando sentimos profunda alegría

y contento interno,

esa alegría impregna nuestra vida,

nuestra familia, nuestro hogar.

La alegría no puede crecer sin amor.

Donde el amor está ausente,

la amargura arraiga con facilidad.

Para mantener la alegría en plena floración,

da perpetuamente amor a otros.

Mantén la expectativa de la alegría

en el cáliz de tu corazón.

Tu alegre expectativa genera

una respuesta espiritual impresionante.

En cuanto suceden cosas buenas,

la alegría crece.

La alegría sirve para compartirla.

La alegría puede ser el medio

de curar al mundo entero.

Lleva contigo alegría

dondequiera que vayas.

Sé el que provee alegría.

Cuando la alegría dentro de ti

está a punto de estallar formando una llama,

es cuando tienes el poder

de encender corazones

y esparcir alegría a toda vida.

Imagina la alegría

saltando de corazón a corazón

por todo el mundo.

Haz que empiece contigo.

¡Sé alegría!

Propágala a los demás.

Cuanta más alegría compartas,

más plenamente llegará a ti.

La llama que hay en tu corazón

renueva perpetuamente la alegría

y la emana.

Desde el lugar interior

donde mora la profunda alegría,

visualiza al mundo entero

recibiendo ondas de alegría.

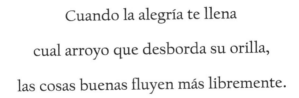

Cuando la alegría te llena

cual arroyo que desborda su orilla,

las cosas buenas fluyen más libremente.

Sé una fuente viva de alegría.

Encara cada adversidad

con el júbilo de que

Dios te ayudará a salir del apuro.

Cuando estés pasando por una

situación difícil,

no te identifiques con

la sensación de lucha.

Tan solo sigue sirviendo al bien

y confía en la bondad

para que te conduzca hacia la alegría.

La elevación espiritual que sientes

cuando compartes con alguien

de corazón a corazón

surge de la alegría

de conectarte con su yo verdadero.

Aférrate a la alegría interna,

no sólo en los tiempos felices

sino en épocas difíciles,

para que puedas elevar a alguien

con una copa de alegría

que ofrezcas gratuitamente.

Sea lo que sea lo que hagas,

si no sientes alegría,

mira hacia adentro.

Ve al fondo.

Vive tu vida con alegría

y contento.

Conocer la sencillez de la vida

es conocer la alegría profunda y total.

Lleva alegría a cada corazón,

a cada bolsillo,

y estarás plantando semillas

que se multiplicarán

por toda la Tierra.

Jardines del corazón

Compasión

Gratitud

Perdón

Alegría

Gardens of the Heart Series

Compassion

Gratitude

Forgiveness

Joy

Para otros títulos de
Elizabeth Clare Prophet
visite

www.SummitUniversityPress.com